Männer sind wie Hunde
Jochen Stather
mit Illustrationen von Veronika Hampel

Text, Konzept & Satz: Jochen Stather
Illustrationen: Veronika Hampel
Lektorat: Tabea Siegerth
Herstellung/Verlag: BoD – Books on Demand, Norderstedt

1. Auflage,Juli 2018

ISBN 978-3-7528-2086-7

MÄNNER SIND WIE HUNDE

Ein nicht ganz ernst gemeinter „Männer-Versteh-Ratgeber" mit einem Funken Wahrheit

Vorwort

„Männer sind wie Hunde", so ein Blödsinn! Oder doch nicht?

Seit vielen Jahren fragen mich Frauen aus dem Freundes- und Kundenkreis wie ihre Männer „ticken". Warum sie gerade mich fragen, kann ich leider auch nicht sagen. Dabei hat sich herausgestellt, dass der Vergleich mit Hunden ein sehr erfolgreicher Vergleich ist. Warum? Weil ein bisschen Humor das schwierige Thema Männer und Frauen deutlich entkrampft und vereinfacht.

Dieses Büchlein ist mit einem breiten Lächeln und verschmitzten Augenzwinkern geschrieben und sollte auch so gelesen werden. Natürlich gibt es Ausnahmen, bei Männern wie bei Hunden, und ich möchte weder Männern noch Hunden unrecht tun oder ihnen zu nahetreten. Trotzdem gibt es Parallelen, die den Frauen (aber auch Männern) das Miteinander etwas erleichtern können.

Und nein, der Mann ist nicht nur der „Dackel" an der Leine der Frau!

Jochen Stather, 2018

Biologisches

Es gibt deutliche Unterschiede zwischen Männern und Frauen, das ist nichts Neues.

Der offensichtlichste Unterschied ist der Körperbau und die primären Geschlechtsorgane. Ich gehe davon aus, dass diese Unterschiede jedem bekannt sind.

Es gibt aber noch weitere Unterschiede, die später noch wichtig werden könnten.

Männer sind aufgrund ihrer Hormone schmerzempfindlicher als Frauen. Nein, das ist kein Gerücht, zu diesem Thema gibt es eine Doktorarbeit (von einer Frau!), die dies eindrucksvoll beleuchtet. Ihr Buch zu diesem Thema steht auf den Bestsellerlisten – warum wohl?

Männer haben ein anderes Gesichtsfeld als Frauen, d.h. der Schärfebereich ihres Sehens ist deutlich enger als der einer Frau. Man nimmt an, dass dies noch ein Relikt aus der Urzeit des Menschen ist. Frauen mussten in der Höhle ihre Augen überall zugleich haben: Das Feuer, die Kinder, das Essen… Männer auf der Jagd (nach Essbarem und Frauen) benötigten ein engeres Sichtfeld um sich auf das Jagdobjekt konzentrieren zu können.

Auch Männer haben ihre Tage. Nein, nicht so offensichtlich und nicht mit den körperlichen Veränderungen wie bei einer Frau, aber der Hormonhaushalt von Männern unterliegt ebenso einem gewissen Zyklus, der Schwankungen aufweist und sich deshalb auf sein Gemüt auswirken kann.

Männer denken und kommunizieren anders als Frauen. Ihre Denkstrukturen und Reizverarbeitungen laufen anders ab, gehen andere Wege im Gehirn.

Männer sind Männer. Das, was sie zu Männern macht – primär das Hormon Testosteron – bestimmt ihr Verhalten in vielen Bereichen – dafür können Männer nichts.

Männer sind wie Hunde!

Oft werden im Volksmund Männer den Hunden und Frauen den Katzen zugewiesen. Warum ist das so? Hunde sind einfacher gestrickt und anhänglich. Solange sie abends etwas zu essen bekommen, sind sie glücklich. Katzen sind vielschichtiger, sie haben ihren eigenen Kopf, in den sie auch niemanden so wirklich hineinschauen lassen. Die Katze kann sich schnurrend eine halbe Stunde kraulen lassen um sich dann mit einem Krallenwisch über den Handrücken blutig zu bedanken.

Aber bleiben wir bei den Männern und Hunden, das ist etwas einfacher!

Folgen wir der Annahme meines „alten Freundes", dem Psychologen und Begründer der Psychotherapie, Sigmund Freud, so ist unser Verhalten triebgesteuert bzw. dient der Triebbefriedigung. Somit ist alles, was wir tun (bzw. der Mann tut), durch den Versuch gesteuert, einen Trieb zu befriedigen.

So weit, so gut. Und was macht der Hund?

Der Hund macht es genauso, und hat es dabei sogar noch einfacher als sein männlicher Menschkollege:

Versprüht eine Hundedame den Duft der Zeugungsbereitschaft, so wird oft nicht lange gefackelt. Keine langen Nächte in irgendwelchen Restaurants, keine teuren Rechnungen und Geschenke. Es wird ein bisschen geschnuppert und alles ist klar.

Hat der Hund Hunger, so schaut er sein Frauchen so lange mit seinem Hundeblick an, reibt sich an ihren Beinen oder gibt herzerweichende Geräusche von sich und schon wird er durch das Geräusch des Dosenöffners oder durch das Geraschel der Hundefutterschachtel belohnt.

Ach, ein Königreich für ein Hundeleben!

Männer haben es in ihrer Triebbefriedung und im Alltag deutlich schwerer. Sie können sprechen und müssen sich an Regeln halten. Die Menschendamen versprühen ihre Pheromone deutlich dezenter als Hundedamen und auch das mit dem Essen ist meist schwieriger (solange das Männerexemplar nicht selbst kochen kann).

Männer im (Beziehungs-) Alltag
oder der (Beziehungs-) Alltag mit Männern

Männer und Frauen passen nicht zusammen – das hört man oft. Aber warum klappt es dann mit einem Hund? Die Unterschiede sind nicht so groß wie man meint, vom Optischen mal abgesehen.

Frauen liebes es subtile Anmerkungen zu machen, oder in Halb- oder Nachsätzen auf Missstände oder Wünsche hinzuweisen.

Beispiel gefällig?
Sie sagt zu ihm beim Frühstückskaffee „Blumen wären auch mal wieder schön". Was meint sie damit? „Schatz, ich will Blumen!" Was versteht er? „Blumen wären auch mal wieder schön".
Das Ergebnis wird sein, er kauft keine Blumen, sie ist enttäuscht.

Wo liegt der Fehler? Männer (wie auch Hunde) brauchen klare Ansagen! Wenn Sie Blumen möchten, müssen Sie das genau so sagen! „Schatz, kauf mir Blumen!"

Und wo bleibt jetzt der Hund? Ganz einfach. Zum Hund sagt man auch nicht „Es wäre schön, wenn du dich hinsetzen würdest" zum Hund sagt man „Sitz!"

Alles klar?

Man darf mit dem Mann durchaus in ganzen, verständlichen Sätzen sprechen, aber die Anweisung oder der Wunsch muss klar formuliert sein. Der Mann muss verstehen, was Sie von ihm möchten. Er kann mit Halbsätzen und Andeutungen nichts anfangen, daraus ergibt sich für den Mann keine Handlungsanweisung.

Noch ein Beispiel:

Sie waren beim Frisör und haben eine neue Haarfarbe oder Frisur. Er kommt nach Hause, Sie schauen ihn erwartungsvoll an. Er merkt – genau, nichts!

Warum ist das so?

Männer nehmen zwar im Unterbewusstsein wahr, dass sich etwas verändert hat, die Details bleiben ihnen aber verborgen. Sie sind nicht wichtig (Nein, nicht Sie als Frau sind nicht wichtig, nur die Veränderungen sind nicht wichtig). Da ist der Mann wieder der alte Jäger aus der Steinzeit – er ist fokussiert auf die „wichtigen Dinge": Essen, warmes Zuhause und so weiter. Das ist keine Geringschätzung wenn er solche Dinge erst auf Ansage registriert, das ist sein Gehirn, das eine andere Priorisierung der Wahrnehmungen vornimmt als das Weibliche.

Und der Hund? Dem ist Ihre Frisur eh wurscht, Hauptsache Sie machen gleich die Dose mit dem Futter auf…

Er redet nicht mit Ihnen.

Männer reden nicht gerne, vor allem, wenn es um Gefühle oder negative Dinge geht.

Der Mann kommt von der Arbeit nach Hause, stellt seine Aktentasche in den Flur (mitten in den Weg natürlich), gibt Ihnen im besten Fall ein Küsschen, holt sich wortlos ein Bier, legt sich auf das Sofa und schaltet den Fernseher ein.

Sofort spüren Sie, da stimmt was nicht. Was hat er? Geht es ihm nicht gut? Hat er Ärger in der Arbeit? Ist er mit der Beziehung unzufrieden? Liebt er Sie nicht mehr? Hat er eine andere?

Schalten Sie die Interpretationen Ihres weiblichen Gespürs ab!

Nehmen Sie ihn in den Arm, streicheln Sie ihn, aber fragen Sie nicht und sagen Sie nichts.

Fragen nach dem Was und Warum machen es nur schlimmer, keinesfalls besser. Wenn er was zu sagen hat, wird er es irgendwann tun. Wenn er nichts zu sagen hat und das, was ihn gerade bewegt, mit sich selbst ausmachen möchte, lassen Sie ihn.

Wenn Sie das Gefühl haben, dass Ihren Hund etwas bedrückt, dann kraulen Sie ihn auch einfach – er wird es dankbar annehmen.

Hausarbeit und Putzen.

Frauen sind, wahrscheinlich noch aus der Höhlenzeit, auf Sauberkeit und Ordnung konditioniert. Wenn's nicht mehr aus der Höhlenzeit stammt, so wurde es durch die Eltern und Großeltern so weitergegeben. Männer sind da anders. Sie fühlen sich auch noch wohl, wenn der Kleiderberg im Schlafzimmer Deckenhöhe erreicht hat und das Klo nicht mehr ganz so appetitlich aussieht. Er sieht es einfach nicht, das ist unwichtig – so lange er im Schrank noch eine frische bzw. brauchbare Unterhose entdeckt.

Männer sind es gewohnt (aus ihrer Kindheit), dass die Frau sich um die Höhle, das Nest, kümmert. Welcher Mann musste in seiner Kindheit schon mal das Bad putzen? Hier ist Nachsicht angesagt – selbst wenn Sie ihn zum Putzen bringen, so richtig einsehen wird er das nicht, er wird es um des lieben Friedens Willen tun.

Und der Hund? Katzen lassen sich auf ein Katzenklo konditionieren, Hunde nicht! Mit dem Hund müssen sie Gassi gehen und wenn Sie's vergessen, haben Sie irgendwann die Sauerei in der Wohnung… Ein Hund legt sich nach einem Schlammbad einfach in sein Körbchen und schlummert friedlich und glücklich ein, mitten im Dreck. So ticken Männer auch!

Und übrigens: Wenn ihr Mann sich schon mal dazu durchringt, zum Beispiel die Wohnung zu saugen oder das Bad zu putzen, dann tut er das, um Ihnen eine Freude zu machen. Wenn Sie jetzt, statt sich übermäßig zu freuen, an seiner Arbeit herummäkeln, frei nach dem Motto: „Die Ecken sind nicht sauber!", „Da sind noch Krümel auf der Arbeitsfläche!" etc., dann treffen Sie ihn tief ins Mark. Er will Ihnen eine Freude machen, also freuen Sie sich! Selbst wenn Sie hinterher alles nochmal putzen müssen.

Männer pinkeln im Stehen – weil sie es können!
Einem Mann das Steh-pinkeln abzugewöhnen, ist wie einen Hund auf's Katzenklo zu zwingen.

Männergrippe und andere „lebensbedrohliche" Krankheiten

Selbst die Werbung hat sich inzwischen der Männergrippe angenommen, sie ist in aller Munde.

Männer leiden stärker als Frauen, das ist hormonell bedingt und, wie schon angemerkt, inzwischen auch wissenschaftlich nachgewiesen. Es hat schon einen guten Grund, warum Frauen Kinder bekommen und nicht die Männer.

Es gibt zwei Arten von kranken Männern. Erstere sieht eine Krankheit als Schwäche und kann sie weder zulassen noch akzeptieren. Sie verdrängen ihr Leiden und können damit ziemlich nerven. Als Frau bleibt da nur das Ganze zu ignorieren. Jeder Hinweis doch mal zum Arzt zu gehen, endet in einer genervten Reaktion des Mannes. Er hat nichts!

Die zweite Art Männer leidet. Es geht mit ihnen zu Ende, der Schnupfen bringt sie um. Viele Frauen sind genervt durch das Leiden des Mannes, ignorieren seinen Schmerz, verweigern die Pflege und ziehen ihn ins Lächerliche. Warum eigentlich?

Bricht Frau sich tatsächlich einen Zacken aus der Krone, wenn sie ihrem leidenden Mann einen Tee ans Bett bringt und ihn mit Hühnersuppe wieder hochpäppelt? Kranke Männer sind wie kleine Kinder, sie brauchen die Liebe und Fürsorge der Frau (damals der Mutter), um schnell wieder gesund zu werden. Akzeptieren Sie sein Leiden, Pflegen und Bemuttern Sie Ihr männliches Exemplar – umso schneller wird er wieder gesund werden.

Gepflegt und umsorgt werden (also mit dem Leiden ernstgenommen werden), ist für Männer einer der größten Liebesbeweise, die möglich sind.

Der Hund ist krank?
Sie bleiben zuhause, rennen mitten in der Nacht mit Ihrem Liebling zum Tierarzt, fühlen sich selbst schlecht weil es dem Hund nicht gut geht. Sie kraulen und streicheln den Hund den ganzen Tag, machen ihm seine Lieblingsdose auf… warum ist das bei einem Mann dann so schwer?

Kochende Männer

Sie haben ein Exemplar, das kochen kann und es auch tut? Glückwunsch!

Männer kochen gerne und das ist ein echter Liebesbeweis (oder Ihre Kochkünste sind so schlecht, dass er sonst verhungern würde), schließlich geht die Liebe durch den Magen. Oft sieht es danach in der Küche aus wie nach einer Razzia des Sondereinsatzkommandos.

Genießen Sie das Essen, das er für Sie gekocht hat und machen Sie hinterher klar Schiff. Das ist der Preis für's Bekocht werden. Männer nach dem Kochen zum Aufräumen zu nötigen, führt nur dazu, dass er die Lust am Kochen verliert. Und das wollen Sie doch nicht, oder?

Im Übrigen, wenn Ihr Mann Ihnen etwas Gutes tut, dann will er belohnt werden!

Hunde können nicht kochen?

Stimmt, aber sie zeigen ein ähnliches Verhalten. Oder hat Ihnen Ihr Hund noch nie schwanzwedelnd eine halbzerkaute Maus vor's Sofa oder Bett gelegt? Und auch der Hund will dafür belohnt werden. Schimpfen Sie jetzt mit ihm, dann versteht er seine Welt nicht mehr, denn er hat Ihnen doch was zu essen gebracht.

Nicht immer ist das, was der Mann Gutes für sie tut, auch das, was Sie sich erwünscht haben. Egal. Er hat Ihnen etwas – in seinen Augen – Gutes getan. Freuen Sie sich, belohnen Sie ihn.

Die Liebe

Frisch verliebte Männer sind klasse! Das ist der einzige Zeitraum, in dem die Männer vergessen, dass sie eigentlich wie Hunde sind.

Sie machen Komplimente, schenken (von sich aus) Blumen, legen ihrer Angebeteten die Welt zu Füssen, sind zuvorkommend und aufmerksam, nehmen sich beim Sex Zeit und sind kreativ.

Irgendwann, wenn sie dann sicher sind, dass Sie „seins" sind, lässt das stark nach, der Mann wird wieder zum Hund…

Männer wollen geliebt werden!

Sie wollen verehrt werden, sie wollen hören, dass sie Ihr Held sind. Sie müssen immer wieder hören, wie toll sie sind – in jeder Lebenslage.

Das wollen Sie auch, stimmt's?

Dann geben Sie dem Mann, was er braucht, die Antwort folgt. Erwarten Sie nicht, dass der Mann von sich aus seine Liebe zeigt, das fällt ihm eher schwer.

Da kommt wieder der Hund ins Spiel.

Der Hund ist lieb zu Ihnen, weil er Liebe möchte. Er legt sich zu Ihnen auf's Sofa, weil er gekrault werden möchte, er leckt Ihre Hand, weil er Zuwendung möchte, er springt zu Ihnen auf's Bett, weil er Aufmerksamkeit und Beachtung möchte.

Beim Mann ist es genauso - ist doch ganz einfach, oder?

Eifersucht

Männer sind eifersüchtig! Auch wenn sie es nicht immer zeigen.

Ja, Männer drehen sich nach anderen Frauen um, was immer wieder zu „Spannungen" in einer Beziehung führen kann. Warum tut er das?

Wir erinnern uns, das Sichtfeld des Mannes ist fokussierter als das der Frau, d.h. er sieht in einem viel engeren Korridor scharf als es eine Frau kann. Frauen müssen ihren Kopf nicht drehen um einen Mann mit ihrem Blick zu verfolgen, Männer müssen dies jedoch aus biologischen Gründen sehr wohl. Und schon ist er ertappt. Das ist aber unfair, weil ein Mann eben nicht sehen kann, ob eine Frau einem anderen Mann hinterher schaut. Blöde Biologie.

Oh Man(n), die Welt da draußen ist voller Frauen. Auch wenn der Mann mit seiner absoluten Traumfrau liiert ist, er muss einfach links und rechts schauen. Das ist Biologie, das sind die Hormone. So sind Männer. Das heißt aber nicht gleich, dass er mit jeder ins Bett springen möchte…

Weil er weiß – bzw. die meisten wissen es – dass das eher blöd ist und Ärger bringt. Männer prügeln sich auch mal, wenn ein Konkurrent seiner Herzdame zu Nahe kommt. Darauf reagiert Frau meist mit Unverständnis, was falsch ist, denn er kämpft um sie! (Siehe Hund)

Der Hund ist auch eifersüchtig.

Er bellt und kläfft Menschen an, die er für Konkurrenten um die Liebe seines Frauchens hält. Kann auch schon mal sein, dass er beißt, was Frauchen dann nicht gut findet und der Hund nicht versteht, weil er doch sein Frauchen beschützen wollte. Der Hund schaut und schnüffelt auch jeder Hundedame hinterher und ist deutlich weniger auf Monogamie konditioniert als der Mann…

Wettbewerb

Männer sind immer im Wettbewerbsmodus. Ein Relikt aus der Urzeit – der Stärkere gewinnt, hat das größte Stück Fleisch und bekommt die beste Frau. Das hat sich bis heute erhalten und ist auch im gesellschaftlichen Kontext tief verankert. Egal, was Männer machen, wo sie aufeinander treffen, herrscht immer Wettbewerb.

Im Job geht es um Profilierung und Karriere, Status und Macht. Im Privaten geht es um ganz ähnliches. Wer ist erfolgreicher, schneller, besser, reicher, schöner, wer hat die beste Frau, wer das größte Auto – wer hat den Längsten und Größten.

Aus diesem Automatismus kommt der Mann schlecht heraus, weil es einfach Teil des Spiels ist. Dies stellt sich nicht nur dar, wenn Männer sich treffen, das passiert auch in der Partnerschaft.

Am einfachsten ist es, ihn „gewinnen" zu lassen, dann ist Ruhe und er fühlt sich gut. Aber manchmal darf oder muss er auch „verlieren" das kennt er von den Männervergleichen auch schon.

Hunde sind, Sie ahnen es schon, genauso.
Hier geht es auch um den Platz im Rudel, Status, Macht. Es wird um die Wette gerannt, gebellt, gebissen, gesprungen. Alles nur, um zu schauen, wer der Stärkste ist, der Größte, der Schönste…

Der will nur spielen

Männer sind verspielt. Schnell hat sich auf dem Sofa eine kleine Kissenschlacht entwickelt, oder man „kämpft" um die Vorherrschaft vor der Glotze (Fernbedienung). Im Eifer des Gefechts kann man(n) da schon mal etwas härter hinlangen, gefühlt einen Schritt zu weit gehen, die Hand zu fest zuhalten oder sie zu stark kitzeln.

Reagieren Sie jetzt heftig und abwehrend, ist der Spaß dahin. Dem Spaß folgt die Ernüchterung.

Natürlich müssen Sie zeigen, dass das zu heftig war oder wehgetan hat, aber flippen Sie nicht gleich aus. Mit etwas Feingefühl und Direktive lässt sich der Spaß wieder in die richtige Bahn lenken.
Der Hund spielt auch gerne und vergisst dabei auch manchmal, dass er nur mit Ihnen spielt. Oder hat Sie Ihr Hund noch nie beim Spielen gezwickt?

Spiel und Positionskampf im Rudel liegen einfach nahe beieinander. Seien Sie also mit Ihrem Mann so nachsichtig wie mit dem Hund, da reicht auch eine kurze Ansage und er ist zurück im Spielmodus.

Sex

Auch beim Sex ticken Frauen und Männer grundverschieden. Lassen wir mal die euphorische Phase der Verliebtheit außen vor und schauen wir auf die Phase, wenn sich die Verliebtheit und das gegenseitige Begehren in den Alltag integriert.

Männer sind zumeist deutlich triebgesteuerter als Frauen. Sowohl körperlich als auch im Kopf. Männer denken am Tag deutlich häufiger an etwas Sexuelles als Frauen.

Frauen haben meistens eine längere Erregungskurve als Männer, und da fängt es schon an, schwierig zu werden. Hier gilt es, einen gesunden Mittelweg zu finden. Mal Sie, mal er. Lassen Sie sich zu nichts zwingen, das Sie nicht auch möchten, achten Sie darauf, dass Sie nicht „auf der Strecke" bleiben, weil es immer nur um ihn bzw. seine Befriedigung geht.

Aber seien Sie auch offen und experimentierfreudig. Wichtig, lassen Sie sich auf nichts ein, das Ihnen unangenehm ist oder Schmerzen bereitet. Nur weil Sie nicht alles mitmachen, was er gerne hätte, wird er sich nicht gleich eine andere suchen.

Und noch etwas. Viele Männer masturbieren auch in der Partnerschaft. Das hat nichts mit Ihnen zu tun, oder dass er sich in der Beziehung und sexuell bei Ihnen nicht wohlfühlt. Das ist einfach Teil der männlichen Sexualität und völlig normal. Machen Sie sich keinen Kopf! Und ob er dabei an Sie oder an die neue Kassiererin im Supermarkt denkt, ist völlig egal – das ist sein Kopfkino und hat nichts mit Ihnen zu tun. Haben Sie nicht auch ab und an Ihre Phantasien?

Der Hund?

Ein altes Sprichwort sagt:
Warum leckt sich der Hund die Eier?
- Weil er es kann!

Diskussion / Streit

Mit einem Mann diskutieren oder streiten geht meistens schief – warum?

Dies hat zwei Gründe. Der eine Grund liegt in der unterschiedlichen Art Dinge zu beschreiben, der zweite Grund liegt in der unterschiedlichen Wahrnehmung.

Zumeist schaukelt sich ein Thema schon ein bisschen hoch bevor es zur Sprache kommt. Wenn es dann zur Sprache kommt, ist es emotional schon so aufgeladen, dass eine sachliche Diskussion nur noch schwer möglich ist. Frauen reagieren emctional und argumentieren auch so. Männer denken sachlich und können mit emotionalen Argumenten wenig anfangen. Und schon sprühen die Funken.

Sie steigern sich immer mehr in das Thema bzw. seine Reaktionen hinein, er kann mit dem ganzen Thema nix mehr anfangen, weil die sachliche Ebene längst verlassen wurde.

Ergebnis: Sie sind sauer und er ist sauer, weil er gar nicht versteht worum es eigentlich geht.

Schon mal mit einem Hund diskutiert?

Wenn Sie sauer auf den Hund sind, schimpfen Sie mit ihm. Er versteht Sie nicht (weil er die Sprache nicht versteht), kann aber durchaus Ihre Körpersprache und Stimme deuten. Er spürt, dass Sie böse sind, versteht aber nicht, warum (so ähnlich geht's dem Mann auch).

Wenn Sie laut werden, bellt er Sie vielleicht an und verzieht sich irgendwann schmollend in sein Körbchen.

Kommt Ihnen bekannt vor? Vom Hund oder vom Mann?

Unterschiedliche Wahrnehmung

Es wäre auch zu einfach, wenn Männer und Frauen die Welt gleich wahrnehmen würde, leider ist es nicht so.

Natürlich sehen Männer und Frauen die gleichen Dinge, das Gehirn reagiert aber unterschiedlich auf die Reize von außen.

Kleines Beispiel gefällig?

Der Supermarkt im Ort hat eine neue Kassiererin. Jung, lebensfroh, gut aussehend, langes blondes Haar. Sie geizt nicht mit ihren Vorzügen.

Sie unterhalten sich mit Ihren Freundinnen über die neue Dame an der Kasse: „So ein Flittchen, die Bluse halb offen, wie sie die Männer anlächelt…"

Die Männer sitzen abends beim Bier zusammen und haben das gleiche Thema: „Was für ein scharfer Hase, diese Augen und der Spitzen-BH, der aus der Bluse blitzt – ein Hammerweib…"

Sie als Frau sehen in der neuen Kassiererin eine neue Spielerin im Feld, eine Konkurrentin, die vielleicht Reize hat, die Sie nicht haben oder ein Selbstbewusstsein, das Sie nicht haben.

Für die Männer ist sie auch eine neue Spielerin im Feld, aber es werden einfach die optischen Reize verarbeitet und beurteilt. Und nur weil die Jungs am Stammtisch jetzt gerne zum Einkaufen gehen, heißt das noch lange nicht, dass sie die Dame auch „vernaschen" wollen – das ist nämlich dann wieder die weibliche Interpretation der männlichen Wahrnehmung.

Der Hund? Dem geht's ähnlich.
Auch das Hundegehirn ist einfacher gestrickt. Es reagiert auf Reize. Wenn Sie essen gehen und etwas bestellen möchten, dann laufen in Ihrem Kopf ganz viele Überlegungen und Evaluationen ab: Kalorien, Geschmack, ökologisch vertretbar, frisch etc. Wenn der Hund etwas zu Essen bekommt, sieht er genau eines: Essen!

Prioritäten

Es ist soweit, Sie führen mit Ihrem Mann ein für Sie sehr wichtiges Gespräch - vielleicht über die Beziehung. Mittendrin läutet sein Telefon und natürlich geht er ran. Es ist einer seiner Kumpels und er bespricht mit ihm in aller Ruhe die Planung des nächsten „Herrenausflugs". Nachdem das Telefonat beendet ist, wendet er sich Ihnen wieder zu und ist bereit für die Fortführung des unterbrochenen Gesprächs.

Doch die Vorzeichen haben sich geändert – während er in aller Ruhe und völlig entspannt mit seinem Kumpel telefoniert hat, ist Ihr Puls auf mindestens 200 gestiegen und Ihre Wut über seine Missachtung bis kurz vor die Explosion gestiegen. Stimmt's?

Sie machen Ihrem Ärger über die Missachtung Luft, er versteht die ganze Aufregung nicht. Das Gespräch führt jetzt zu nichts mehr.

Für ihn war die Unterbrechung Ihres Gesprächs keinerlei Missachtung oder Herabwertung Ihres Anliegens, er hat einfach nur das Telefonat angenommen und sich Ihnen dann wieder zugewandt. Ihre Interpretation und Emotionalität macht es nur wieder kompliziert.

Nicht alles, was wie eine Missachtung aussieht, ist auch eine – da stehen sich nur mal wieder zwei unterschiedliche Wahrnehmungen und Interpretationen gegenüber.

Und mal ehrlich:
Wenn Sie Ihrem Hund auf einer Wiese mühsam das Stöckchenholen oder „Sitz" und „Platz" beibringen, wird er sich auch immer wieder durch Gerüche oder interessante Artgenossen ablenken lassen. Da drehen Sie doch auch nicht gleich durch und werfen Ihrem Hund Missachtung vor, oder?

Freiräume

Jeder Mensch (und Hund) braucht seine Freiräume. Und zwar echte Freiräume, d.h. sie müssen frei gestaltbar sein. Wenn Sie mit Ihren Freundinnen einen Kaffeeklatsch machen oder zur Tupperware- oder Dildoparty gehen, dann wollen sie keinen Mann dabei haben. Und der Mann will vielleicht aus Höflichkeit hinterher wissen „Wie war es", mehr aber auch nicht. (Und schon die Antwort auf das „Wie war es" interessiert ihn nicht wirklich.)

Genauso sollte es laufen, wenn Ihr Mann mit seinen Jungs unterwegs ist. Fragen Sie nicht mehr als „Wie war es". Er wird eh nichts erzählen, und es geht Sie auch nichts an. Keine Sorge, wenn Männer zusammen unterwegs sind, geht es um Autos, Frauen (nicht die eigene), Sport. Alles völlig ungefährlich, da wird nur geredet und geplustert. Lassen Sie ihm den Spaß.

Vertrauen ist wichtig, sonst geht es eh nicht gut.

Wissen Sie was Ihr Hund macht, wenn er mal für zwei Stunden weg ist? Freuen Sie sich, wenn er schwanzwedelnd wieder da ist und gut ist es.

Vertrauen

Gegenseitiges Vertrauen ist die Grundlage jeder Beziehung. Aber das ist ja nichts Neues.

Männer machen es einer Frau manchmal schwer, ihnen zu vertrauen. Das liegt am männlichen Umgang mit den Dingen und an der phantasievollen Interpretationsmöglichkeit des weiblichen Gehirns.

Männer gehen mit vielen Dingen sorglos um, denken sich einfach nichts dabei. So ist die fortlaufende Kommunikation mit Mitarbeiterinnen oder weiblichen Bekannten per Messenger für einen Mann etwas völlig Normales. Vielleicht gibt es ein berufliches Problem zu lösen, oder sie hat private Probleme und möchte seinen Rat.

Und schon gehen bei Ihnen alle Warnlampen an, stimmt's?
Denken Sie sich nicht zu viel dabei, fangen Sie nicht an, ihn zu kontrollieren oder ihm hinterher zu spionieren. Stellen Sie nicht zu viele Fragen, das nervt ihn nur und er schreibt ihr nur noch, wenn er sich unbeobachtet fühlt. Und dann sind Sie erst recht alarmiert.

Vertrauen Sie ihm.

In 99% der Fälle denkt er sich nichts Böses dabei und es steckt auch nichts dahinter. Es ehrt den Mann, wenn seine Meinung für andere (Frauen) interessant ist.

Natürlich gibt es Männer, die einmalig oder fortlaufend Ihr Vertrauen missbrauchen – aber auch dann, spionieren Sie ihm nicht hinter, trennen Sie sich!

Dem Hund vertrauen?
Na klar, Sie vertrauen ja auch darauf, dass der Hund nicht über kleine Kinder herfällt, die Wohnung nicht verwüstet wenn Sie ihn alleine lassen, dass Sie mit ihm durch die Fußgängerzone laufen können, ohne dass er alles zusammen bellt, oder dass er sich nicht einfach ein neues Frauchen sucht, oder? Und im Übrigen vertraut Ihr Hund Ihnen ja auch, dass Sie ihn wieder mit nach Hause nehmen und ihm seine Dose aufmachen.

Beziehungsprobleme

Jetzt wird's kompliziert.

Dass Männer anders ticken als Frauen sollte inzwischen klar geworden sein. Dies kann mittel- und langfristig auch zu Problemen in der Partnerschaft führen. Im Gegensatz zum Hund sind Männer nur schwer konditionierbar, das muss man als Frau irgendwann akzeptieren – Männer ändern sich nur sehr schwer langfristig. Und wenn er sich ändert, dann nicht durch Druck von Ihrer Seite, sondern aufgrund seiner Persönlichkeit und seines Charakters, sprich aus persönlicher Einsicht. Der Versuch den Mann zu ändern beschwört nur weitere Konflikte herauf.

Zumeist führen Missverständnisse und Kommunikationsprobleme zu partnerschaftlichen Verwerfungen. Die Frau meint, dass sie ihm doch deutlich zu verstehen gibt, was sie möchte und braucht, beim Mann kommt das aber nicht an. Schon entstehen Missverständnisse und unerfüllte Erwartungen und das schaukelt sich dann hoch.

Männer reden nicht so gerne über Beziehungsthemen – und im Gegensatz zur Frau auch nicht mit „den Jungs" beim Bierchen in der Kneipe. Dort geht es eher um Männerthemen wie Autos oder Sport. Kein Mann kann gegenüber seinen Freunden zugeben, dass es daheim nicht so läuft. Wie würde er als Mann denn dann dastehen?

Und wenn es um Beziehungsprobleme geht, dann ist immer die Frau schuld – eine echte Reflexion findet unter und bei Männern nicht oder nur sehr selten statt.

Wenn Frauen mit ihren Partnern über Beziehungsthemen sprechen, endet das oft in Streit und Unverständnis. Warum?

Weil Frauen ihre Probleme anders artikulieren als Männer. Männer fühlen sich schnell angegriffen und beleidigt – entsprechend reagieren sie dann auch.

Bringen Sie das Problem, Ihre unerfüllte Erwartung oder die zerknautschte Zahnpastatube sachlich auf den Tisch. Erklären Sie deutlich und verständlich, was Sie erwarten oder sich von ihm diesbezüglich wünschen. Keine Halbsätze, keine Andeutungen, klar und deutlich.

Beispiel:
Die Zahnpastatube, erstaunlicherweise Zankapfel in ganz vielen Beziehungen (Und leider oft auch der Spiegel von tiefer sitzenden Beziehungs-/Kommunikationsproblemen). Jeden Morgen liegt die Zahnpastatube zerknautscht und offen auf dem Waschbecken. Sie könnten jeden Morgen an die Decke gehen, wenn sie das „Zahnpastaschlachtfeld" vorfinden. Irgendwann reicht es Ihnen, d.h. das Thema ist lange genug in Ihnen „geköchelt" und Sie werfen ihm

seine Schlamperei und Sauerei im Bad vor. Gerne noch garniert mit dem Zusatz „du machst das nur um mich zu ärgern, du weißt doch, dass mich das aufregt". Falsch! Er weiß es nicht und er macht das auch nicht mit Absicht sondern einfach unüberlegt, die Zahnpastatube ist ihm nicht wichtig. Konfrontieren Sie ihn mit Vorwürfen, die Ihrer Interpretation entstammen, so geht er sofort in den Abwehrmodus. Ergebnis: Keines. Erklären Sie ihm stattdessen warum sie es gerne hätten, dass er morgens die Zahnpastatube zumacht und hinstellt (weniger Sauerei am Waschbecken, längere Haltbarkeit der Zahnpasta etc.) ohne ihn mit persönlichen Anschuldigungen zu konfrontieren, wird er das einsehen und die Tube meist auch zumachen.

Greifen Sie ihn nicht an. Sätze wie „Nie räumst du deine Sachen auf". etc. sind nicht zielführend. Erklären Sie ihm, was Sie möchten. Nur wenn er versteht, um was es Ihnen geht – ohne sich in die Defensive gedrängt zu fühlen – kann der Mann das Problem verstehen und vielleicht gemeinsam mit Ihnen eine Lösung finden.

Lassen Sie ihm Luft zum Atmen, Vorwürfe helfen nicht weiter. Sachlich und verständlich müssen Sie formulieren, was Sie bedrückt oder stört. Und konsequent müssen Sie sein und bleiben. Konsequent heißt aber nicht, den Mann mit Liebesentzug zu strafen (das ist kein hilfreiches Mittel), konsequent heißt hier zum Beispiel ihm seine Socken nicht hinterher zu räumen, seine Wäsche nicht zu waschen so lange er sie nicht in den Wäschekorb füllt, ihm seinen Kaffee so lange in der gleichen Tasse zu servieren bis er sie selbständig in die Spülmaschine räumt...

Wo der Hund bleibt? Hier ist er:

Der Hund hat was falsch gemacht, schon wieder Ihren Mann angesprungen, Ihr Bett verwüstet, die Post gefressen, in das Wohnzimmer geschissen. Sie sind sauer und schimpfen ihn, sperren ihn in den Zwinger, ignorieren ihn. Ein deutliches Zeichen, die Liebe ist erstmal auf Eis. Was macht der Hund? Er zieht sich zurück und schmollt ein bisschen, denn je nach dem weiß er genau, dass er was falsch gemacht hat. Sie ignorieren ihn und sein Geheule und Gebell. Schon bald aber kommt der Hund devot angekrochen und versucht Ihre Liebe und Zuneigung zurück zu gewinnen. Er hat den Vorteil des Hundeblicks… und, wie lange können Sie ihm böse sein? Wird er sich ändern?

Sobald Sie ihn wieder kraulen und ihm die Dose Futter aufmachen, ist für den Hund die Welt wieder in Ordnung.

Trennung

Sie wollen sich von ihm trennen und führen endlich das entscheidende Gespräch mit ihm. Sie haben ihm sachlich und nachvollziehbar erklärt, warum Sie die Beziehung beenden (wollen). Vielleicht rennt er hinterher in die Kneipe, sitzt weinend auf dem Sofa oder läuft laute Beschuldigungen schreiend durch die Wohnung oder verkriecht sich. Egal. Sie haben das Gespräch geführt und sich getrennt. Meinen Sie. Warten Sie mal ab.

Durch so ein Gespräch ist meist für den Mann noch gar nix klar. Okay, er hat einen Warnschuss bekommen. Plötzlich pinkelt er „freiwillig" im Sitzen, macht die Zahnpastatube zu, räumt seine Socken weg… Für Sie ist das alles viel zu spät, für ihn noch lange nicht.

Warum? Weil Sie nicht deutlich genug waren!

Wenn's dem Ende zugeht, wird der Mann wieder wach und kämpft nochmal. Alles Zureden vorher, all die Gespräche haben nicht gefruchtet, aber die Trennung (bzw. ihre Androhung) weckt ihn kurzfristig aus seiner Komfortzone auf. Kurzfristig. Männer ändern sich nicht, beziehungsweise wenn dann aus sich selbst heraus und nicht durch Druck von der Partnerin.

Wenn Sie ihn wirklich loswerden wollen, müssen Sie deutlich werden, sehr deutlich. Und die Komfortzone muss eingeschränkt werden! Keine Zugeständnisse, kein Nachgeben. Seien Sie strickt und klar – und konsequent!

Jetzt ist alles gut, meinen Sie? Noch lange nicht.

Selbst wenn die Trennung offiziell, er ausgezogen ist und sein so tolles neues Leben ohne Sie führt, das Thema ist noch nicht vom Tisch. Denn nach einer gewissen Zeit fällt ihm auf, was ihm jetzt alles fehlt, dass sein so tolles neues Leben eben doch nicht so toll ist und die Komfortzone sich mächtig verschoben hat. Und was passiert?

Er steht wieder vor Ihrer Türe, er umgarnt Sie, versucht sich zu ändern – er will sein altes, gemütliches, gewohntes Leben zurück...

Fallen Sie nicht darauf rein, Männer ändern sich nicht!

Dies gilt im Übrigen auch, wenn er zwischenzeitlich eine andere hatte, eine „Trösterin" für seine verletzte Seele (Stolz). Nach einiger Zeit sieht er auch hier, dass Beziehung eben nur Beziehung ist und Frauen im Großen und Ganzen zumindest ähnlich ticken – ergo, er hat die gleichen Probleme wie vorher oder kam vom Regen in die Traufe.

Nur allzu gern lassen sich Frauen dann wieder einlullen, wenn er von einer anderen wieder zurückkommt. Meistens sind die Wunden einer solchen Trennung nicht mehr zu kitten und dessen sollten sich beide Seiten bewusst sein.

Bleiben Sie hart!

Genau wie beim Hund:
Wenn Sie Ihren Hund vor die Türe setzen, wird er jämmerlich winselnd an der Türe scharren und den treuesten Hundeblick aufsetzen, den er zur bieten hat.

Nehmen Sie ihm ein Spielzeug weg, das seit Wochen unbeachtet in der Ecke liegt, wird er genau dieses Spielzeug plötzlich wieder haben wollen (so wie der Mann, der nun plötzlich seine Frau wieder haben möchte).

Obwohl hier, zugegebener Maßen der Vergleich zum Hund hinkt, da der Hund keine Einflussmöglichkeit auf seine Beziehung zum Frauchen hat.

Er hat Kontakt zu seiner Ex

Wenn eine Beziehung beendet ist, ist sie das für eine Frau zumeist auch. Für den Mann erstmal noch nicht so wirklich.

Ist dann nach einer Zeit erstmal alles sortiert, also auch für den Mann, kann es durchaus sein, dass er ab und an noch Kontakt zu seiner Ex hält. Man(n) möchte wissen, ob sie einen Besseren gefunden hat, wie es ihr geht. Das ist normal bzw. kommt vor. Fangen Sie nicht wieder an zu interpretieren. Gefühlt ist die Ex natürlich eine Gefahr, praktisch ist sie das aber eher selten

Lassen Sie es zu, die Ex ist einfach ein Teil seines Lebens, so wie Sie es jetzt auch sind.

Im Zweifel freunden sie sich mit der Ex an - Wenn es Ihnen zu viel wird, oder die Ex einfach unausstehlich ist, oder ihn massiv anbaggert, reden sie mit ihm darüber. Sachlich!

Den Kontakt verbieten hilft wenig, dann geht es heimlich weiter, was Ihre Alarmglocken noch lauter Schrillen lässt – er muss verstehen, wie Sie darüber denken bzw. was der Kontakt bei Ihnen auslöst.

Der Hund trifft sein altes Frauchen wieder? Schwanzwedelnd wird er sie begrüßen und trotzdem bei Ihnen bleiben.

Die Vergangenheit

Man lernt sich kennen und lieben und jeder hat seinen Rucksack mit Erfahrungen schon auf dem Rücken. Das ist das Leben. Wir alle haben in unserem Leben viele Menschen getroffen, Dinge erlebt und Sachen bereut. Wahrscheinlich haben wir auch schon einen anderen Menschen geliebt, bevor wir den aktuellen Partner getroffen haben.

All das ist unsere Vergangenheit, die ist so wie sie ist, die kann uns keiner nehmen, die kann auch niemand verändern. Damit muss jeder selbst klarkommen, aber eben auch der Partner.
Zumeist lernt man einen Menschen kennen und erfährt automatisch etwas über sein bisheriges Leben. Durch ihn, durch Freunde und Bekannte, inzwischen auch durch das Internet. Das ist auch gut so! Aber wägen Sie selbst ab, was davon für Sie wichtig und relevant ist. Nicht immer ist das was man hört auch richtig, bei manchen Dingen sollten aber schon die Alarmglocken läuten! Seien sie aufmerksam, aber nicht paranoid – letztendlich ist Ihr Baugefühl meist das Richtige.

Akzeptieren Sie die Vergangenheit Ihres Mannes als seine Geschichte. Stochern Sie nicht darin rum, suchen Sie nicht nach Schwachpunkten, offenen Fragen, ungeklärten Situationen.
Sie sind der aktuelle Teil seiner Geschichte, freuen Sie sich darüber!

Natürlich kann die Vergangenheit Schatten werfen, aber bewerten Sie das nicht über. Schauen Sie gemeinsam nach vorne. Das Jetzt zählt und die Zukunft, nicht das, was schon passiert ist.

Ihr Hund hat auch eine Vergangenheit. Was wissen Sie darüber? Zumeist nicht viel mehr als seine Herkunft und vielleicht seinen Züchter oder Vorbesitzer. Aus Verhaltensweisen können Sie auf bestimmte Erlebnisse schließen, aber wissen können Sie es nicht. So wenig wie Sie die Vergangenheit Ihres Hundes ergründen können, sollten Sie es mit der Ihres Mannes versuchen.

Hobbies

Der Mann hat Hobbies? Freuen sie sich!

Er hat andere Hobbies als Sie? Auch gut. Gönnen Sie ihm den Spaß, auch wenn Sie seine Leidenschaft vielleicht nicht teilen. Sie müssen jetzt auch nicht anfangen zu boxen, nur weil er es tut, und Sie müssen auch nicht zum Fußballexperten werden, nur weil das sein Thema ist.

Ein nicht gemeinsames Hobby ist Teil des Freiraums. Fragen Sie ihn, ob Sie mit zu einem Spiel oder einen Wettkampf dürfen, lassen Sie sich von ihm den Sport erklären, interessieren Sie sich. Aber fangen Sie nicht an, mitreden zu wollen, das geht meistens schief.

Die Hobby-Kameradinnen und -Kameraden sind Teil seiner Leidenschaft. Man teilt etwas, begeistert sich für die gleiche Sache, den gleichen Sport. Diese Menschen sind Teil der Komfortzone, keine Konkurrenten für Sie.

Bleiben Sie entspannt! Wenn er mit einer der Hobby-Kameradinnen etwas hätte anfangen wollen, dann hätte er es längst getan.

Die begeisterten Erzählungen über gemeinsame Erlebnisse mit den Kameradinnen und Kameraden sind Teil des Erlebens der gemeinsamen Leidenschaft. Nicht mehr und nicht weniger.

Also lassen Sie die Interpretations- Maschine in Ihrem Kopf ausgeschaltet und freuen Sie sich, dass der Mann Spaß hat.

Der Hund hat auch ein großes Vergnügen daran, mit anderen Hunden rumzutollen, sich durchs Unterholz zu schlagen oder im Dreck zu spielen – Sie nicht. Den Hund lassen Sie ja auch seinen Spaß haben.

Wir sollten wieder mehr zusammen machen.

Dieser Satz fällt meist, wenn in einer Beziehung schon so einiges im Argen liegt. Ja, verbringen Sie mehr Zeit zusammen, aber machen Sie keinen Zwang daraus, dann wird es nichts.

Männer tun Dinge, weil sie ihnen Spaß machen, oder weil sie einen Nutzen daraus ziehen können.

Finden Sie ein gemeinsames Hobby, einen gemeinsamen Sport, ein gemeinsames Interesse, aber finden Sie es zusammen, versuchen Sie nicht, dem Mann etwas aufzudrücken. Sonst macht er zweimal mit, um des lieben Friedens Willen, aber er wird nicht dahinterstehen und es, wenn überhaupt, ohne Begeisterung fortführen.

Wenn Sie es lieben, mit dem Mountainbike durch den Wald zu radeln und Ihren Hund mitschleppen, wird er wohl mitkommen, weil er keine Wahl hat – das heißt aber noch lange nicht, dass ihm das genauso viel Spaß macht wie Ihnen. Wie beim Mann ist das natürlich vom Typ abhängig – ein Husky wird es lieben, ein Dackel vielleicht hassen...

Den Mann Mann sein lassen

Männer sind wie sie sind und wenn Sie das nicht doch mögen würden, hätten Sie ja nur einen Hund.

Lassen Sie dem Mann seine Männlichkeit, schließlich ist ihm das von der Natur auch so vorgegeben.

Lassen Sie ihn die Türe für Sie öffnen, im Restaurant das Essen bezahlen, Sie beschützen und für Sie kämpfen.
Lassen Sie ihn anderen Frauen hinterherschauen (nur schauen, nicht anfassen), mit seinen Jungs ab und an ein Bierchen trinken und samstags die Sportschau schauen. Lassen Sie ihn den Wein bestellen, das Auto fahren, lassen Sie ihn trinken und holen Sie ihn ab.

Wenn es zu viel wird, reichen ein paar sachliche, erklärende Worte. Dann ist alles wieder gut, der Mann kennt seine Freiheiten und seine Grenzen wieder.

Der Hund darf auch an jeden Baum pinkeln, mal über das Feld rennen oder einer Hundedame hinterher schauen – wenn es zu viel wird, ziehen Sie an der Leine und der Hund folgt Ihnen wieder brav.

Männer

Wir alle, Frauen, Männer und auch Hunde haben bestimmte Wesenszüge und Veranlagungen, Bedürfnisse und Triebe. Diese sind teilweise genetischer Natur, anerzogen oder basieren auf gemachten Erfahrungen. Dies alles macht uns (und auch den Hund) zu der Persönlichkeit, die wir sind.

Menschen, nicht nur Männer, ändern sich nicht oder nur in einem gewissen Rahmen. Wenn sie einen „Softie" als Partner haben, so wird er sich nicht zum Macho umerziehen lassen – genauso wenig wie ein ängstlicher Hund zu einem guten Wachhund wird.

Männer, das starke Geschlecht. Das wird aus der Historie so vorgegeben, das wird so anerzogen und gelebt. Über viele Jahrtausende hat so die Welt funktioniert, wenn wir der männer-dominierten Geschichtsschreibung glauben dürfen.

Ja, es gibt starke und schwache Männer. Gerade in der heutigen Zeit, in der die Geschlechterrollen immer unklarer werden, suchen Männer nach ihrem Platz. Machismo ist out, Softies aber auch. Dies führt zu Unsicherheit und Sinnsuche. Wer bin ich, fragt sich der Mann.

Gesellschaftliche Rollenverteilungen werden neu definiert, nicht immer ist der Mann der Hauptverdiener in einer Partnerschaft. Das schafft Probleme. Warum? Weil der Mann sich unter Umständen minderwertig, unwichtig fühlt – wo er doch eigentlich der starke Mann, der Ernährer sein sollte.

Es ist eine schwierige Zeit für Männer, die nun mal so sind wie sie sind. Diese Unsicherheiten und Veränderungen in der Gesellschaft hinterlassen auch ihre Spuren in einer Partnerschaft. Ein Macho soll plötzlich die Küche aufräumen und das Bad putzen. Der Softie soll Macho sein. Wie soll das gehen?

Nehmen Sie Ihren Mann wie er ist. Lassen Sie den Softie den liebevollen, grüblerischen, zerstreuten Mann sein, der er ist; lassen Sie dem Macho sein Machosein. Sie werden Ihren Partner nicht ändern. Und schließlich haben Sie ihn ja genau so kennen gelernt wie er ist. Kinder kann/soll man erziehen, Männer nicht. Wenn er nicht so ist wie Sie ihn wollen, dann ist er nicht der Richtige!

OK, vielleicht räumt er irgendwann seine Socken auf, oder trägt auch nach mehrmaliger Aufforderung den Müll runter – verstehen wird er das aber nie so richtig.

Männer sind nicht nur stark.

In anderen Kulturkreisen haben die Männer offiziell das Sagen, zuhause sind sie meist die Untergebenen, dort führt die Frau das Regiment. Es funktioniert – so haben beide Seiten die Chance sich auszuleben und zu verwirklichen, ganz ohne im gesellschaftlichen Zusammenhang als weich oder nutzlos dazustehen.

Männer müssen stark sein, sagt die Gesellschaft. Geben Sie Ihrem Mann die Chance das zeigen zu können, lassen Sie ihn stark sein, zeigen Sie ihm, dass Sie ihn lieben und vergöttern. Er wird es Ihnen danken.

Ach so, der Hund:

Auch Hunde haben ihr ganz eigenes Wesen. Hunde sind Rudeltiere, es gibt eine Rangordnung (wie bei den Menschen auch). Hat der Hund bei Ihnen seinen Platz im Rudel gefunden, ist er glücklich. Ist er es nicht mehr, versucht er seinen Platz im Rudel neu zu definieren, oder sucht sich ein neues Rudel.

Hat er Sie als seinen Rudelführer akzeptiert, ist er meist folgsam. Sie können ihn bis zu einem gewissen Grad erziehen, ihm Dinge ab- oder angewöhnen. Das ist schön, verändert aber sein Wesen nicht. Genau wie bei einem Mann – dem können Sie auch ein paar Kunststückchen beibringen, wie z.B. die Socken nicht liegenlassen oder den Müll herunter tragen, aber sein Wesen wird das nicht verändern.

Lieben Sie Ihren Hund so wie er ist, so liebt er sie, bedingungslos – solange Sie ihm abends die Dose mit dem Futter aufmachen!

Und genauso machen Sie es mit Ihrem Mann bitte auch!
Aber Achtung: Sie sind bei Ihrem Mann nicht das „Herrchen" und Sie führen ihn auch nicht an der Leine – Eine Beziehung zwischen Mann und Frau funktioniert nur auf Augenhöhe!

Ein Wort an die Männer, die hier vielleicht heimlich oder ganz offen mitlesen:

Ja, wir sind Männer und wir lieben es, ein Mann zu sein, aber das gibt uns noch lange nicht das Recht, unser Verhalten nicht zu reflektieren!

Wir sind so wie wir sind, trotzdem, oder gerade deshalb, sollten wir unser Verhalten gegenüber Frauen immer auch kritisch betrachten.

Mannsein ist keine Entschuldigung für respektloses, frauenverachtendes, ungebührliches, erniedrigendes, unhöfliches, egoistisches oder narzistisches Verhalten gegenüber einer Frau!

Wir lieben die Frauen, also müssen wir es ihnen auch zeigen! Hört den Frauen zu, nehmt sie ernst. Versucht zu verstehen, was sie bewegt und dass so manches was wir tun bei den Frauen andere Reaktionen hervorruft als wir es erwarten.

Frauen sehen die Dinge anders, intensiver, nachhaltiger. Für Frauen steckt hinter jeder unbedacht hingeworfenen Äußerung ein tieferer Sinn. Behaltet das im Hinterkopf, überlegt kurz, bevor ihr etwas tut oder sagt.

Nichts ist schöner als die Liebe einer Frau, aber für die muss gekämpft werden, jeden Tag auf's Neue.

Stoffelt nicht herum, nehmt euch selbst nicht so wichtig. Eine Partnerschaft mit einer Frau funktioniert nur auf Augenhöhe. Wenn es euch primär darum geht, dass zuhause Bad und Wohnung sauber sind, dann sucht euch eine Putzfrau, aber keine Partnerin!

Behandelt eine Frau immer als das, was sie ist: Das schönste und liebenswerteste Geschöpf auf diesem Planeten! Auch wenn das bedeutet, sich selbst zurück zu nehmen, auf ein paar Dinge zu verzichten und auch mal den Müll runter zu tragen.

Alles andere ist völlig inakzeptabel.

Macht es wie Hunde sie spüren genau, was Frauchen möchte, folgen meist ihren Anweisungen, versuchen ihren Befehlen folgsam nachzukommen, machen Kunststückchen, wenn sie es möchte – und was bekommen sie dafür?

Liebe, Zuneigung, Streicheleinheiten und das heiß geliebte Fressen. Und sie dürfen sich jede Menge Freiheiten rausnehmen…

Nachwort

Und? So schwierig sind Männer gar nicht, oder?

Ich hoffe, Sie konnten beim Lesen etwas schmunzeln, haben nicht alles so ernst genommen und vielleicht sogar das Eine oder Andere über den Umgang mit Männern lernen können.

Probieren Sie es aus, schon das Nachdenken über den Vergleich Männer – Hunde, kann eine schwierige Situation mit Ihrem Mann einfacher machen. Aber bitte setzen Sie ihm abends kein Hundefutter vor.

Auch wenn es in manchen Passagen so erscheinen mag, der Mann ist nicht nur ein Hund, den Frau an der Leine mit durch's Leben nimmt. Es geht nur darum komplexe Situationen möglichst einfach zu erklären.

Ich spreche von Frauen, Männern und Hunden. Das ist natürlich sehr allgemein. Jeder ist anders, hat sein eigenes Päckchen an Genmaterial, Erziehung und Erfahrungen zu tragen. Ich will niemandem zu nahe treten, sondern habe mit Absicht verallgemeinert.

Eines ist hoffentlich klar geworden: Wirklich ändern können Sie einen Mann nicht - wenn Sie das versuchen, werden Sie keine Freude mit ihm haben.

Ich bin gerne Mann, habe keinen Hund und habe schon so manche Frau zur Weißglut gebracht...

In diesem Sinne,
viel Glück mit Ihrem Mann

Sonnige Grüße
Jochen Stather

Der Autor

Jochen Stather, Jahrgang 1971.
Der Autor kommt viel in der Welt herum, hat eine Menge erlebt und glaubt nichts, was er nicht selbst gesehen hat.

Er hat seit vielen Jahren mit ganz unterschiedlichen Menschen in sehr verschiedenen Situationen zu tun. Über die Jahre und Erfahrungen hat sich so ein Gespür für die Menschen entwickelt. Mit dem passenden, ganz individuellen Ansatz sind oft auch komplizierte Dinge leicht erklärt und veränderbar. Ein wirtschaftspsychologisches Studium rundet seinen Erfahrungsschatz ab.

Er unterstützt Männer, Frauen und Paare im beruflichen und privaten Kontext - mit deutlich mehr Tiefgang als es dieses Buch vermuten lässt. Und er bereist die Welt meist auf unbekannten Pfaden mit dem Motorrad.

www.jochen-stather.de

Die Karikaturistin

Veronika Hampel, Jahrgang 1994
Schon als Kind punktet sie mit kleinen Zeichnungen und Gemälden bei Familie und Freunden und verfolgt später auch beruflich eine kreative und künstlerische Richtung.

In einem kleinen Betrieb erlernt sie das Handwerk der Kunststickerei und bildet sich in verschiedenen Zeichentechniken weiter.

Mit viel Witz und Kreativität bestreitet sie ihren Alltag und ist oft Ansprechpartnerin für kleine und größere künstlerische Projekte.

Kurz, sie schreibt, malt, zeichnet, stickt und begeistert sich für neue Erfahrungen, neue Wege und den verschiedenen Arten von Kunst im Leben.